AF258241

Le Matin

M. Loubet
en Italie

Avril 1904

R F

M. Loubet
en Italie

Avril 1904

M. Loubet en Italie

Nous avons vu des voyages présidentiels plus retentissants, nous n'en avons pas connu de plus jolis, de plus aimables, de plus gais, ni peut-être de plus véritablement passionnés. La majesté de Rome et la grâce voluptueuse de Naples en même temps que l'émotion si naturelle de la fameuse âme sœur, de la *sorella* transalpine, ont fait de ce voyage quelque chose de tout à fait exceptionnel dans l'histoire des manifestations internationales en général et pour celle des voyages de M. Loubet en particulier.

Pour ceux qui s'en vinrent à Rome quelques jours avant les fêtes, la fièvre qui déjà possédait la ville, l'allégresse commençante de ses habitants, le mou-

M. Émile Loubet, président de la République française.

vement inusité des rues et des places publiques, l'empressement de chacun à décorer ses fenêtres ou son balcon ou à préparer des motifs originaux d'illumination, tout faisait prévoir que l'on allait assister à des réjouissances populaires telles que l'Italie n'en avait connu depuis longtemps. De fait et de l'aveu des Romains eux-mêmes, aucune visite de souverain dans la Ville Éternelle ne fut comparable à celle-là et ne laissera de plus illustres souvenirs.

S. M. la Reine et les enfants royaux.

S. M. le Roi d'Italie.

L'Arrivée du Président

C'est le 25 avril à 4 heures précises que le train présidentiel fit son entrée en gare de Rome. Le roi Victor-Emmanuel et les princes royaux se dirigèrent aussitôt vers le

Le prince Colonna, syndic de Rome, entouré des autorités, attend le Président.

wagon de M. Loubet qui descendait en souriant, le chapeau à la main et le collier de l'Annonciade au cou.

Le Président et le Roi s'embrassèrent; cinq minutes après, ils montaient dans le landau royal, et c'est alors l'entrée dans Rome.

Et nous voudrions vous donner la vision de cette entrée, qui fut une heure d'enthousiasme et de beauté chez le peuple le plus aimable et le plus harmonieux de la terre. Le soleil éclairait ce spectacle avec ardeur. Par quel sentiment merveilleux de l'art, inné et tout-puissant, les Romains sont-ils parvenus, travaillant chacun de son côté, à sa fenêtre, à son balcon, à sa corniche, à produire cet incomparable effet d'ensemble dans le décor, qui ne se peut voir que là? Il n'y a que là, disons-nous, que l'on connaît la valeur d'un chiffre sur une pierre, d'un écusson sur un mur, d'une écharpe au grès d'une colonnade.

Là vous apprendrez tout ce qu'on peut faire d'une tapisserie à une fenêtre, d'un feston de lierre sous les portiques, d'une Victoire aux ailes d'or au-dessus de frissonnantes oriflammes.

Rome. – Les Aigles et les trompettes municipales avant l'arrivée du Président.

Ah! nos décors ne sont que des oripeaux; les leurs sont des architectures!

Comme toutes ces merveilles sont solides, d'un goût sûr, d'une harmonie unique! Le municipe lui-même, dans son officiel effort, a cette allégresse décorative.

Sur la place Termini.

Ce peuple prouve, à chaque coin de rue, qu'il a appris la beauté des lignes dans la fréquentation quotidienne des temples immortels et des colonnes mutilées. Il n'est pas, admissible non plus que seul le dieu Hasard ait distribué pour la joie inoubliable des yeux, à l'heure nécessaire de cette glorieuse arrivée, dans le cirque de pierre de cette place Termini, où furent échangées entre M. Loubet et le prince Colonna les paroles de bienvenue, sur les degrés des estrades invisibles, cette foule multicolore des sociétés, des corporations, des associations d'étudiants, et des tumultueux bambins écarlates des bataillons scolaires, dont les mille blouses éclatantes attirent et violentent le regard. Plus loin, une tache d'un azur adouci, faite de cent poitrines haletantes, le repose. Au tournant de cette rue, vous apercevez comme un parterre épanoui de fleurs, de neige et de printemps. Ce sont des femmes qui attendent.

Nous avons eu plus que de l'enthousiasme, sur cette place Termini, où le maire de Rome attendait notre Président : nous avons eu de la volupté.

L'entrée dans Rome.

5

Mais qu'est ceci? Qui sont ces hommes qui, d'une allure un peu lasse, portent sur l'épaule, comme on porte un fusil après la bataille, des drapeaux à la soie usée et aux couleurs pâlies? Les plus âgés sont au premier rang, et il leur plaît d'accélérer la marche. Quelques-uns, hélas! font des efforts merveilleux pour ne pas traîner la jambe; ils ont des chemises rouges et des barbes blanches, et un regard de jeunesse, des yeux clairs et vaillants : ce sont les derniers compa-

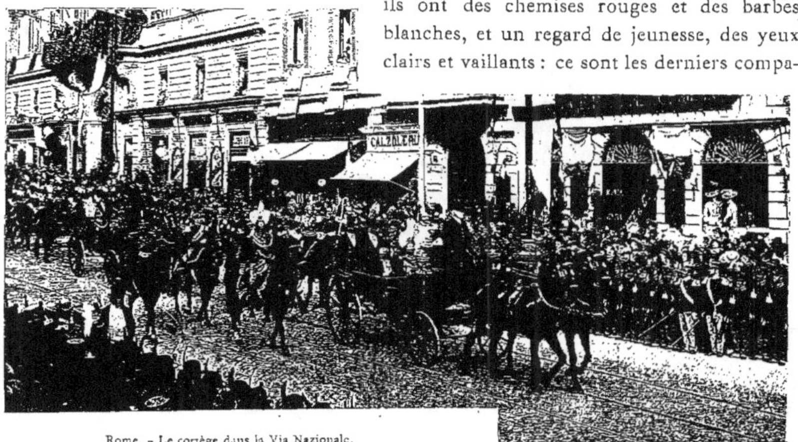
Rome. - Le cortège dans la Via Nazionale.

gnons de Garibaldi, qui viennent au devant du représentant de la France; ils ont des képis comme on en voyait, au temps de notre enfance, dans les images de guerre, et ils ressemblent tous, ces hommes historiques — tout à fait curieux, vraiment — à M. Lockroy.

Ils passent; on les acclame.....

En attendant le moment solennel, les voitures de la municipalité décrivent des courbes savantes sur la place. Ce sont des chars étonnants, tels qu'on n'en peut voir que dans *Cendrillon* ou quelque autre fastueuse féerie.

Mais la minute est venue de cette impression d'enthousiasme et de volupté dont nous vous parlions tout à l'heure.

Imaginez, en plus du peuple multicolore du sol, la foule accrochée dans le ciel, les grappes humaines pendues aux vieilles pierres des Thermes de Dioclétien, les femmes aux claires toilettes, certaines en touffes, comme des fleurs, aux fenêtres; les hommes sur les corniches

Le prince Colonna salue le Président.

6

M. Barrère, ambassadeur
de France au Quirinal.

M Delcassé, ministre
des Affaires étrangères.

M. A. Combarieu,
secrétaire général
de la Présidence.

Sur la place, au centre de tout cela, une fontaine qui est une merveille de grâce. Il y a quelques années, quand on l'édifia, il y eut de l'opposition de la part des cléricaux, parce que, disaient-ils, les nymphes qui sortaient de cette fontaine, accrochées ruisselantes à la croupe des chevaux, étaient trop lascives; ils voulaient dire sans doute qu'elles étaient trop belles. Toutes ces femmes humides sont vivantes et tressaillent de l'enthousiasme du peuple romain. Car, à la vérité, l'enthousiasme monte, il bondit vers les airs avec cette gerbe d'eau bruissante de la miraculeuse fontaine A l'harmonie de cette pluie divine se mêle maintenant l'harmonie éclatante des musiques. Elles font retentir d'allègres cuivres, ces musiques qui sont partout, qu'on ne voit pas, venant mystérieuses d'on ne sait où, sur les ailes enflammées de la *Marseillaise*.

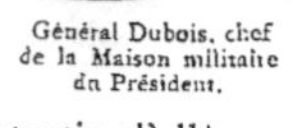

Général Dubois, chef
de la Maison militaire
du Président.

M. Henri Poulet, chef du Secrétariat
particulier du Président.

M. Mollard,
directeur du protocole.

Voici les cuirassiers du roi, annonciateurs de l'hôte! Et les trompettes aux casques d'or, aux chevelures de soleil. Derrière, une voiture dans laquelle un homme, le Président de la République française, salue. Alors, toutes les couleurs de la place, vous entendez, tout ce qui, bleu, rouge ou vert, écarlate ou blanc, est une parcelle du peuple romain, homme, femme, enfant, toutes les couleurs de la place et du ciel crient : « Vive Loubet! Vive la France! » Et les décorations frissonnantes, et les pierres elles-mêmes de l'antique Rome éternelle

Lt-Coll Meaux-Saint-Marc,
officier d'ordonnance
du Président.

Comt Fraisse, officier
d'ordonnance du Président.

Comt Huguet,
officier d'ordonnance du Président.

semblent participer à l'allégresse générale. Et les nymphes lascives de la fontaine ruissellent et tressaillent davantage.

Les hommes et les choses semblent unis définitivement pour accueillir l'hôte !

Et c'est très beau !

Rome. - La foule devant le Quirinal.

Tout le cortège des voitures royales où se trouvent les princes, M. Delcassé, M. Combarieu, M. Mollard, chef du protocole, M. le général Dubois et toute la maison militaire du Président, le président du Conseil italien, les présidents de la Chambre et du Sénat, s'est arrêté sur la place.

C'est alors que le maire de Rome, prince Colonna, avec la junte municipale, les pompiers en grand uniforme, les valets municipaux, portant les anciens uniformes historiques et les drapeaux traditionnels des quartiers de Rome *(rioni)* s'avancent.

Et le prince Colonna prononce l'allocution suivante :

« J'ai l'honneur, monsieur le Président, de vous souhaiter la bienvenue, et de vous présenter les hommages de Rome, de ce cœur de l'Italie, aujourd'hui frémissante d'une seule joie, en vous voyant à côté de notre bien-aimé souverain.

» Déjà, à Paris, les deux grandes sœurs latines s'étaient enfin retrouvées. Aujourd'hui, c'est avec nos sentiments d'autrefois, c'est

Rome.
Le voilà !

8

avec tous les souvenirs de nos gloires communes
que nous saluons la France en vous, et qu'à
jamais nous scellons le pacte d'amitié, ici, à
Rome, qui porte, avec son nom, le souhait
d'amitié éternelle. »

M. Loubet serre cordialement la main
au prince Colonna et, en le remerciant,
lui dit :

« Je suis très touché de vous entendre
prononcer de telles paroles, monsieur
le syndic, et je vous assure que la
France tout entière et son Président partagent
les sentiments que vous venez d'exprimer. »

Rome. - Dans la cour du Quirinal.

Au milieu d'un enthousiasme qui ne cesse de grandir, le cortège reprend sa
marche par la Via Nazionale. Sur la place du Quirinal, derrière les cordons des
troupes, la foule est énorme.

Rome.
La voiture de M. le Président est avancée.

Aux fenêtres du palais de la Consulta, les
ambassadeurs, les ministres plénipotentiaires
et les dames du corps diplomatique ont pris
place.

Au moment où le cortège arrive sur la
place du Quirinal, la reine apparaît devant
le grand vitrage du balcon central; elle est
vêtue de blanc.

La foule lui fait une ovation, mais quelques minutes plus tard, quand elle revient
à cette même place avec le Roi et le
Président de la République, ce
sont des cris, des trépigne-
ments, des acclamations
qui ne cessent pas! Viva
Loubette! Viva *Loubette*!
M. le président *Loubette*
ne peut plus quitter le
balcon...

Rome. – Sortie du Quirinal.

2

Deuxième Journée

Rome. - Devant le Panthéon.

La seconde journée du Président de la République à Rome fut toute de paix et de calme, consacrée aux devoirs les plus élémentaires de la politesse internationale. Ce sont là des heures de tranquillité et quasi de repos entre la grande manifestation de l'arrivée et celle qui se prépare pour le lendemain.

Pourquoi s'arrêter, car elles ne sont marquées d'aucun intérêt véritable, aux présentations officielles? Aussi, nous vous ferons grâce du défilé de nos compatriotes au palais Farnèse. Ce n'est point dans ce cadre cérémonieux, où l'on voit toujours les mêmes grimaces, qu'on peut connaître quelque chose des gens, de ce qu'ils pensent; allons dans la rue; soyons quelqu'un des milliers de milliers de Romains, qui, pleins de quiétude et de patience, s'échelonnent sur les trottoirs, au long

des rues que doit suivre le Président, soit pour se rendre au Panthéon, où il va déposer les palmes du souvenir sur la tombe de Victor-Emmanuel, soit pour aller présenter ses premiers hommages à la reine mère.

Une curiosité de cette foule est qu'elle grimpe avec une agilité surprenante partout où une autre foule se romprait le cou; elle grouille aux corniches, se colle aux murs et apparaît au sommet des colonnes, sans qu'on puisse deviner par quel mystère elle est parvenue à s'établir en d'aussi instables équilibres, et elle a cependant encore la liberté de ses mains pour applaudir. Il n'y a que là que nous avons vu applaudir de la sorte.

Rome.
Les Derniers compagnons de Garibaldi.

Ainsi peuvent-ils doublement traduire le transport de leur âme ardente au spectacle de la rue, par le cri et par le geste; et ils ont encore le sourire. Ah! le sourire des femmes du peuple et des petites marchandes de fleurs, venues de la campagne romaine, avec leurs paniers embaumés! Elles ont des figures dorées; nous en avons vu une, qui jetait par-dessus la grille du Panthéon toutes les fleurs de son panier, en éclatant de rire, comme si on la

chatouillait, et elle avait une si drôle de façon de crier : « Vive Loubette! Vive Loubette! » *Il signor illustrissimo Loubette* vit son geste plein de grâce et son rire éblouis-
sant, et elle eut un coup de chapeau présidentiel pour elle toute seule, la petite Romaine
à la figure dorée et aux loques éclatantes.

Puisque nous voulons vous parler de la foule et de la rue, nous n'aurons garde
de ne point vous dire quelques mots de cette originale retraite aux flambeaux qui par-
courut le Corso, dans un tumulte de rires et de plaisanteries comme il est impossible
d'en imaginer sur quelque autre coin de la terre; nous n'avons jamais soupçonné qu'il pût
y avoir une pareille mascarade de lumières, ni qu'on pût s'amuser davantage à propos de
quelques chandelles, cierges, torches et autres luminaires. En vérité, le lieu s'y prête;
l'étroitesse de la voie, encore augmentée de la hauteur ma-
jestueuse des palais qui bordent le Corso, fait qu'il y a
une communication directe entre la joie de toutes
les fenêtres et les rires de tous les balcons; la
sympathie des gestes n'a pas grand chemin
à faire et vole à travers la rue d'autant plus
vite que ces gestes sont quelquefois des baisers. Imaginez donc, entre cette double mu-
raille rapprochée et habitée, du premier étage
aux toits, par le peuple le plus rieur du
monde, imaginez un cortège prodigieux, tintamar-
resque, glorieux quelquefois, avec ses trompettes, ses

Rome. - Palais Farnèse. - La Musique.

fanfares et ses allégories, amusant toujours. C'est un cortège de lumières aux jeux
les plus ingénieux qui soient, les plus variés, tantôt en cercles, tantôt en losanges
quelque chose comme la géométrie, en feu.

Et ces innombrables lumignons, dansant et zigzaguant, verts, bleus, violets, rouges, coulent ainsi pendant plus d'une heure entre ces deux rives d'allégresse, ces deux rives de joie éclatante qu'est alors le Corso; mais quand vient la fin, c'est-à-dire, après un phare et une canonnière, un char attelé de quatre chevaux où se tiennent debout et enlacées l'Italie et la France, c'est une acclamation assourdissante qui gronde dans le Corso et qui rebondit d'un mur à l'autre, depuis la place del Popolo jusqu'à

Promenade d'agrément
(Place Saint-Pierre).

la place de Venise : enfin, comme ces deux femmes sont merveilleusement belles, le succès du symbole en est double.

Tout ceci terminé par des fanfares et les chants de *la Marseillaise*, qui leur mettent ici des flammes au cerveau.

La Revue

Rome à la Revue.
Les Photographes.

26 avril, sept heures du matin, sur la place d'Armes qui est aux portes de la ville, le Champ-de-Mars d'ici, par une matinée fraîche, un ciel léger, un doux soleil, la foule romaine arrive dès la première heure. Elle attend, immobile et compacte, barrière humaine de plusieurs kilomètres, joignant les deux extrémités de la plaine, restée vide encore de soldats, du pied du mont Mario à la rive du Tibre. Et voici les premières voitures, pleines de toilettes de printemps, qui descendent sur la pelouse immense où se

dressent, alignées au cordeau, telles de prodigieuses piques pour une armée de géants, les hampes dorées où flottent des drapeaux.

Huit heures. Des bruits lointains de tambour, des rythmes militaires nous arrivent de Rome, par bouffées, dans la brise. On attend l'arrivée du Roi et du comte de Turin. Toute la partie de la pelouse réservée aux voitures est pleine de ces tribunes ambu-

Rome. - La Revue. - Le Président et la Reine passent devant le front des troupes.

lantes, les seules qui soient ici. Et soudain, sous un coup de soleil, s'épanouit, floraison immédiate et radieuse, le parterre des ombrelles. Chaque voiture est une loge où papotent et jabotent, avec des rires clairs et des grâces, les femmes étendues nonchalamment sur les coussins ou assises comme des gamines sur la capote. Cependant que les premiers régiments d'infanterie, les petits soldats aux pantalons gris bleu, aux tuniques sombres, aux sacs de poil fauve, surviennent et prennent place, on flirte avec une ardeur gentille sous les ombrelles, on échange de longs regards d'un landau à l'autre. Saluts, présentations, propos harmonieux, poignées de mains lentes et silen-

Rome. - La Revue. - Défilé de l'Infanterie.

cieuses, l'amour et ses jeux aimables semblent tenir une place des plus honorables dans cette société si pleine de grâces.

Il faut tout saisir, tout voir, tout entendre, ce sourire, cette œillade vers un seigneur cavalier qui passe, ce coup de canon qui retentit, ces jolis carabiniers qui caracolent, cet état-major qui disparaît au galop, ces plumes blanches qui flottent au-dessus des

13

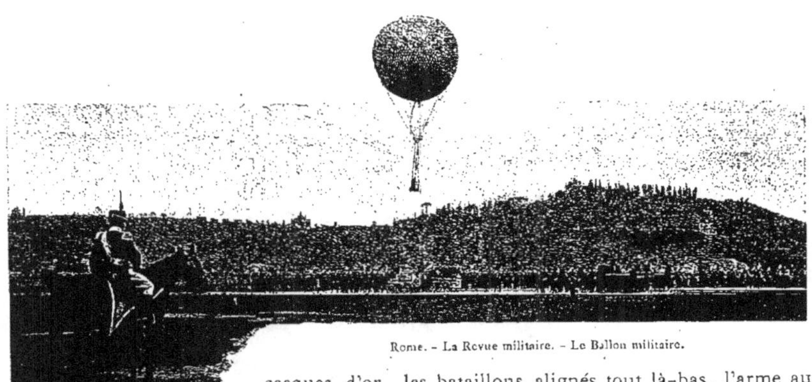

Rome. - La Revue militaire. - Le Ballon militaire.

casques d'or, les bataillons alignés tout là-bas, l'arme au
pied, et le champ clair des trompettes! Et c'est un éclair
qui s'allume au flanc du mont Mario, éclair tonnant et répété, annonçant la venue
de l'hôte et des souverains. C'est un éblouissement multicolore que cette arrivée royale,
où Victor-Emmanuel, à cheval, précède — fastueux cortège, état-major triomphal
— le comte de Turin, le duc de Gênes, le ministre de la Guerre et tous les attachés
militaires. Le comte de Turin s'éloigne vers les troupes qu'il doit présenter, lui, cousin
du roi, au chef de la nation amie. Afin, sans doute, que cette innovation dans les
habitudes protocolaires soit plus significative encore, il porte sur son uniforme de
major général le grand cordon de la Légion d'honneur. Tandis qu'approche plus
près, tout près, la cohorte souveraine, voici que gagne, de proche en proche, la rumeur
grondante du peuple, et la *Marseillaise*, qui prend son vol une fois de plus au-dessus
des régiments.

Est-ce à cause du petit nombre d'hommes réunis là, seize mille tout au plus, alors
que d'illustres revues chez nous ont mis en marche de formidables armées; est-ce à
cause encore de l'alerte, fine, presque mièvre silhouette du soldat? Pour cette double
raison, sans doute, nous avons pour la
première fois retiré d'une revue cette impression de joli et de délicat dans la force
que l'on ne trouve guère sur les autres

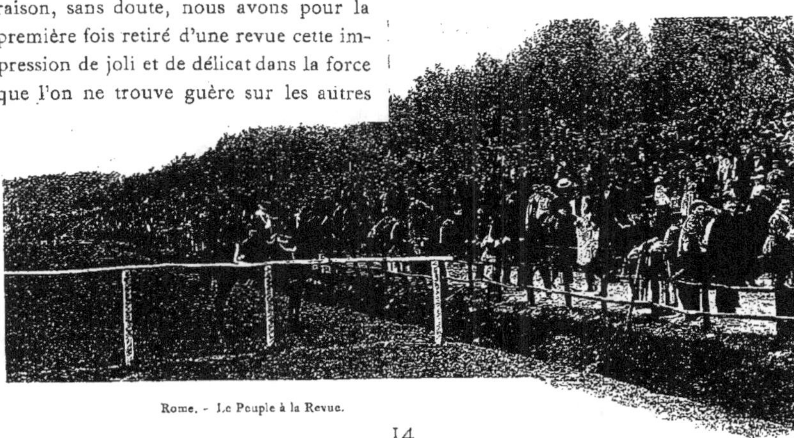

Rome. - Le Peuple à la Revue.

champs de l'Europe, où elle est remplacée d'ordinaire par une image de puissance brutale chez certains et d'énergie incomparable et infatigable chez nous. Ce fut plus qu'une parade et moins qu'une grande revue, mais tout cela fut suffisant pour nous faire apprécier le soldat italien dans toute sa grâce et sa souplesse.

Y a-t-il rien de plus plaisant à l'œil et qui porte plus à l'applaudissement des hommes... et des femmes que le défilé au pas de cadence gymnastique des bersaglieri, aux jarrets inlassables,

Rome.
Vue générale du Forum.

aux chapeaux ronds sur l'oreille, tout empêtrés de plumes, aux trompettes dansantes qui ne connaissent pas le bout de leur souffle? Il n'y avait pas assez d'ombrelles ni de mouchoirs agités pour la gloire de leur élan, quand ils passèrent ainsi devant le landau attelé en daumont où le Président et la Reine assistaient au défilé des troupes, après avoir passé sur le front de chacune d'elles, selon l'usage.

Le Roi se tenait près de là, à cheval, comme il sied aux rois, avec le cortège de princes empanachés et de généraux aux flottantes plumes blanches.

Nous vous avons dit notre impression spéciale, qui serait celle, je crois, de tous ceux de nous qui ont assisté à ces choses militaires uniques au monde que furent Châlons et Bétheny. Et, ma foi, une revue étant, par certains côtés, toujours une revue, imaginons qu'il n'est pas nécessaire d'entrer dans le détail de la cavalerie, de l'artillerie, de l'infanterie, qui sont, comme chacun sait depuis sa plus tendre enfance, les trois parties principales d'une véritable armée.

Les carabiniers aux bicornes en bataille, aux

Rome. - Au Forum. - Sur la Via Sacra.

plumets rouges et aux baudriers blancs, les chasseurs
alpins dont le chapeau s'orne de la plume d'aigle, les
cuirassiers qui ont arrêté le soleil sur leur poitrine, les
lanciers qui promènent dans le ciel de petites flammes bleues, les dragons avec leur casque à la flam-
boyante aigrette ont séduit merveilleusement nos
yeux, en même temps qu'ils faisaient retentir
de leur pas de guerre cette vieille terre qui a gardé
l'empreinte des légions et qui a vu à l'exercice les
conquérants du monde.

Rome. - L'Arc de triomphe de Septime Sévère,
au Forum.

Un ballon, en fin de compte — nous savons bien que c'est un ballon de guerre —
est venu détruire de sa rotondité ridicule la symétrie des lignes et la parfaite beauté du
spectacle. Heureusement, on lui donna vite la liberté; il ne fut plus qu'un point dans
l'espace. Craignons bien que l'officier qui le monte ne puisse redescendre à temps pour
le déjeuner militaire.

Rome. - Les Restes de l'Empire au Forum.

Au Forum

Après le déjeuner nous eûmes la visite au Forum, où M. Boni, le chef des fouilles,
expliqua avec force gestes de son parapluie
au Roi et au Président l'état de ses recher-
ches. On promena
là le Président par-
mi les ruines et les
dernières excava-
tions. M. Boni tenait
toute prête pour le
Président une urne
cinéraire à décou-
vrir. Il sut habile-
ment amener vers ses
ouvriers le cortège
royal. Il pria ces mes-
sieurs de s'asseoir sur
des chaises apportées

Rome.
La Visite au Forum.

devant le trou où il allait se passer quelque chose. Le Président. de tous ses yeux regarde. Les ouvriers retirent toujours de la terre. C'est de la terre bien grasse et toute neuve, point difficile à enlever : de la terre pour découverte de visites de souverains.

Rome. - Le Colysée.

Heu! heu! M. Loubet fait la moue, il nous semble; M. Boni, un instant veut attirer son attention d'un autre côté que le côté du trou. Puis M. Loubet secoue la tête et ramène M. Boni à son trou.

Soudain, dans le moment que M. Boni va triompher, et que déjà les ouvriers découvrent le bord de l'urne dans laquelle on va trouver les cendres amassées, le Président se lève, entraîne doucement tout le monde à sa suite, sans écouter les timides regrets de M. Boni, remonte à l'orée du trou et, se dirigeant vers la colonne de Phocas, il se penche à l'oreille du Roi, qui sourit.

Qu'a dit M. Loubet à Sa Majesté? Il a dit: « Ils ont dû la faire à Mascuraud ! »

Rome. - Le Capitole.

Soirée au Capitole

Nous avons encore dans les yeux la réception au Capitole, par le prince Colonna, syndic de Rome. Imaginez une fête donnée à l'une des plus hautes et à la plus vieille aristocratie de la terre, dans les salons du Musée du Louvre. Et encore ceci est une bêtise, mais elle prouve l'impossibilité des comparaisons. Du reste, on ne peut rien s'imaginer

Rome. - Intérieur du Capitole.

17

3

quand on n'a pas vu la place du Capitole. Michel-
Ange en fit le dessin, et c'est un chef-d'œuvre de
grâce de celui qui fit tant de chefs-
d'œuvre de force.

Ce soir-là donc, à dix heures, sur
cette place où Pétrarque fut couronné,
où Rienzi connut la gloire, le triomphe
et la mort, nous avons vu arriver les

Rome. - Le Faune.

invités du prince Colonna. M. Giolitti, M. Tittoni, ministre des
Affaires étrangères, et tous les ministres. y étaient. Rome était
en feu, et l'embrasement du ciel jetait une clarté pourpre sur le
vaste escalier aux balustrades
de marbre, qui monte en pente
douce vers la statue de Marc-
Aurèle. Le plus grand nombre
des équipages s'arrêtait au bas
de cet escalier, et nous ne nous
sommes point lassé d'assister à
l'ascension lente des patri-

Rome. - L'Amour et Psyché.

ciennes d'aujourd'hui, traî-
nant sur les marches des man-
teaux royaux.

Nous sommes entré avec
elles sous le porche du palais
des Conservateurs, où les
valets chamarrés et dorés du
municipe faisaient la haie
jusqu'aux degrés où des sol-
dats casqués de cuivre portaient, à la hauteur des yeux, le
glaive romain. C'étaient, paraît-il, des pompiers, mais ils
n'étaient pas plus ridicules que des légionnaires.

Déjà les salles étaient
pleines de la plus rayon-
nante, de la plus choi-
sie, de la plus constellée,
de la plus endiamantée
des foules.

On n'a jamais vu à la fois de plus magnifiques
épaules ni de plus belles poitrines nues. Les
Romaines ont le décolletage opulent; elles pro-

Rome. - Le Gladiateur mourant.

Rome. - La Vénus Capitoline.

Rome. - Dans la cour de la Villa Médicis.

mènent avec orgueil leur chair rose parmi les
marbres blancs, les Junon et les Vénus, qui, sous la lumière des lustres, apparaissent
aussi vivantes que les vivantes, et, ma foi! l'on se plaît à des comparaisons hâtives
entre cette femme qui passe et cette statue qui reste.

Cette fête était unique, parce qu'il nous semble qu'il est impossible de réunir une
société plus rare dans un lieu plus idéal.

Les fleurs de la saison nouvelle, la douceur
incomparable de l'air du soir respiré aux fenêtres
ouvertes sur la ville embrasée, tout contribue

Rome. - A la Villa Médicis

Rome. - Le Pont des Anges. - Le Château Saint-Ange.

à faire de cette heure la plus charmante à vivre parmi toutes celles que les hommes ont inventées pour passer les nuits officielles.

La grande salle du premier étage est spécialement envahie, dans l'attente où l'on est du Roi, de la Reine et du Président de la République. Nous voyons-là toutes les figures de la Cour, déjà aperçues au gala de la veille, et aussi quelques-unes des toilettes. Voici, glissant sur l'apothéose de Faustine, la marquise Prinetti; plus loin la duchesse Gaetani auprès de la Diane d'Ephèse, et telle autre grande dame s'appuie, mélancoliquement, au jeune berger qui s'arrache une épine du pied.

La marquise di Rudini s'arrête à la Louve antique allaitant Romulus et Remus; elle demande des explications :

— « Est-ce celle que l'on offre au Président ?

— Non; la Louve pour M. Loubet est en bronze, comme l'autre, mais n'allaite personne. La Louve ira à Paris, mais Romulus et Remus resteront à Rome. Pour ce que M. Boni en fait !... » M. Giolitti fait une grimace à la Méduse en marbre du Bernin. Il est moins gracieux que la veille, au gala de l'Argentina, quand il faisait ses compliments

Rome. - Le Forum de Trajan.
La Colonne Trajane.

à la marquise di Sant' Onofrio, femme du sous-secrétaire d'État. Ah ! voilà Mme Meyer, ambassadrice des Etats-Unis, qui se débarrasse de son manteau devant les bas-reliefs de Marc-Aurèle. Elle a toujours sa haute allure et son collier de perles, qui est l'un des plus beaux. Elle a une taille souple et, cependant, une démarche d'homme. Elle se rencontre avec lady Currie,

Rome. - Vue prise du haut de Saint-Pierre.

Rome. - La place Saint-Pierre.

ambassadrice d'Angleterre. Plus loin, elles croisent les deux jeunes filles de M. Barrère, l'une en bleu, l'autre en rose, qui bavardent comme des petites pies. Qu'elles étaient charmantes, dans leur loge tout encadrée de roses blanches et de roses dorées, quand elles écoutaient la chanson de Siebel, si douce dans la bouche de Teresina Ferrario! Elles étaient les deux seules à écouter, bien sûr.

La Reine, au bras de M. Loubet, monte l'escalier avec beaucoup de gravité.

Arrivée au premier étage, elle se débarrasse, d'un geste un peu hésitant et timide, de son manteau et du boa qui lui couvraient les épaules.

M. Loubet tendit le bras, mais déjà le prince Colonna s'était précipité

Rome. - Le Temple de Vesta.

et faisait fonction de royal valet. Le Roi suivait, et toute l'assistance pénétrait déjà dans le salon, où il y eut distribution de sourires. Mais on ne s'y attarda point, car les illuminations du Forum allaient commencer. On gravit deux étages et l'on se casa comme on put, à la diable, et le plus gaiement du monde, aux fenêtres du Capitole qui donnent sur le Forum. Il ne faut pas décrire le spectacle qui vient, parce qu'il n'y a pas de mots pour dire l'effet d'une lueur d'incendie sur les ruines amoncelées, couronnant la cannelure d'une colonne corinthienne ou montant derrière l'arc de Septime Sévère.

Rome. - Place d'Espagne.

Rome. - La fontaine de Trève

Nous passons sur les réceptions, les discours et les toasts au Quirinal et au Palais Farnèse ; tout cela est encore dans toutes les mémoires. A quoi bon répéter ici le discours prononcé par M. Loubet dans la visite qu'il fit le lendemain à la Villa Médicis, à son fameux prix de Rome ?

M. Guillaume a présenté les pensionnaires au Président, qui leur a serré la main et a échangé quelques mots avec eux.

Le Président visite ensuite l'exposition annuelle des travaux des pensionnaires. Ceux-ci présentent leurs œuvres et reçoivent les félicitations de M. Loubet. Cette visite terminée, le Président, accompagné de MM. Barrère, Guillaume et de leur

Rome. La fontaine du Palais Borghèse.

Rome. - Le cloître de Saint-Jean-de-Latran.

Rome. - La basilique de la Sainte-Croix

Rome. - La Place Navone.

que cette œuvre ait été menée à bien : Édouard Chambre, président d'honneur ; Charles Beauquier, député, président; marquis de Castrone et Adricy Duvayd, vice - président ; Raqueni, secrétaire général; Penso, trésorier; Léon Bonet, membre.

Dès l'arrivée du Président, M. Lockroy prononce son discours. Il dit que la Ligue franco-italienne a voulu confier à Rome et donner à sa sœur italienne, en commémoration de la cérémonie qui consacre leur affection, l'image de Victor Hugo et, avec cette image, ce qu'elle avait de plus tendre dans le cœur et de plus noble dans la pensée.

Il rappelle que nul n'a salué avec plus de joie que Victor Hugo l'apparition en Europe de l'Italie ressuscitée, et termine en invoquant le génie du poète, dont l'irrésistible influence

suite, se rend dans le jardin de la villa, où se trouve le plâtre de la statue de Victor Hugo, qui sera offerte à la ville de Rome. Autour de cette statue sont les représentants des ligues et sociétés franco-italiennes. Rappelons les noms du Comité de la Ligue franco-italienne auxquels nous devons Lockroy, vice-président de la

Rome. - La Fontaine du Triton.

rapproche aujourd'hui deux peuples faits pour se comprendre, se connaître et s'aimer.

Le soir, c'était la dernière réception au Palais Farnèse, et le lendemain matin, vendredi le départ pour Naples.

Rome. - La Porte Saint-Paul.

Naples.

L'arrivée.

Le cortège officiel
sous la pluie.

A Naples

La réception à Naples fut d'un enthousiasme prodigieux, malgré la pluie qui, il faut bien le dire, *fut benie des pouvoirs publics*, car il eût été impossible, s'il avait fait beau, de retenir l'élan de la foule qui serait allée jusqu'à détcler la voiture royale et présidentielle.

Particulièrement, sur la place du Plebiscito, devant le Palais Royal, une foule immense, formidable, attendait depuis midi en essayant de s'abriter sous la colonnade de l'église de San Francesco di Paola.

Lorsque le canon annonce que le Roi et le Président de la République, sont arrivés à Naples, on expose aux balcons du Palais Royal les drapeaux français et italien, aux ovations de la foule qui abandonne la colonnade de l'église pour s'approcher du Palais Royal en se pressant derrière la double haie d'un régiment de chevau-légers.

Le Rettifilo offre un .coup

Naples.
Devant le Palais Royal.

24

d'œil superbe, merveilleux, indescriptible
avec la foule immense qui le bonde,
avec les innombrables drapeaux français et italiens qui flottent aux balcons,
aux fenêtres, aux boutiques, un peu
partout, même sur les toits et avec les
imposantes décorations et les superbes
arcs de triomphe.

Derrière les cordons de soldats se
presse et s'agite une foule immense,
qu'on n'arrive pas à retenir et qui
acclame et crie à chaque instant, fré-
nétiquement. Les fenêtres, les balcons,

Naples. - Attendant le Président.

les terrasses qui sont sur le passage du
cortège sont épouvantablement bondés. Des
spectateurs sont penchés sur les antennes, les
fanaux, les arbres.

Sur la place de la Bourse, sur ce beau
monument qu'est la fontaine Medina, une
foule de personnes est amassée. Quoique
la pluie tombe avec rage, le spectacle est
inoubliable.

Au balcon du
Palais, le Roi et
le Président,
malgré l'a-

Naples. - Vive le Président !...

verse persistante, ne cessent de venir saluer et
remercier cette foule qui les acclame sous les
parapluies, champignons enthousiastes et
ruisselants.

Le soir, fête de gala au San Carlo,
où Tamagno remportait l'un des plus
brillants succès de sa belle carrière dans
Polyeucte.

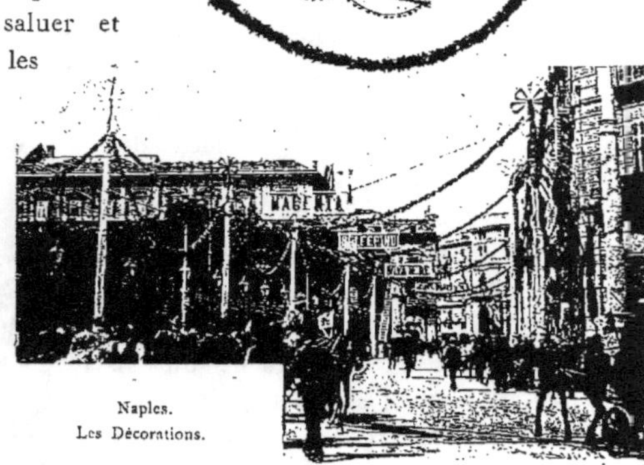

Naples.
Les Décorations.

La Revue navale

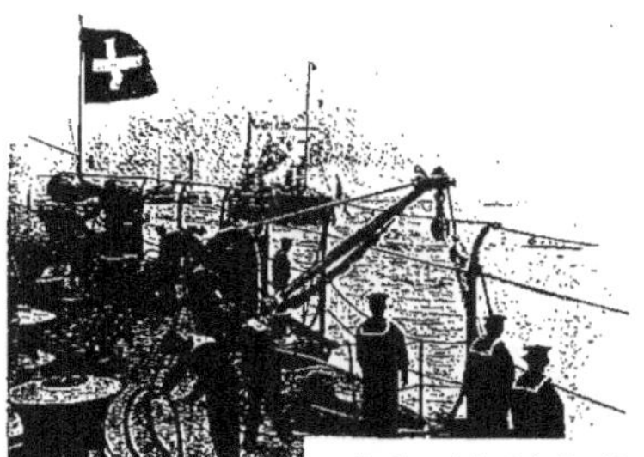

Naples. - A bord du *Dandolo*.

Le lendemain matin, Naples est consolée. Le soleil est venu lui rendre sa joie et ses couleurs, et nous avons vu réapparaître à nos yeux extasiés l'enchantement de son golfe vaporeux, recourbé comme une faucille d'azur. Une aurore dorée s'est levée derrière les promontoires, s'est dressée hors de la splendeur des eaux, et peu à peu s'est dévêtue des voiles humides du matin.

Sur la côte onduleuse et nonchalante, nous avons assisté au réveil de la flotte, endormie dans la caresse protectrice du plus beau rivage de la terre. Oui, cette terre caresse et retient, et elle semble dire à la force des batailles réfugiée pour un moment au creux de son geste alangui : « Ne te hâte point de partir; repose ici ta course mena-

Naples. - La *Marseillaise* et l'Escadre italienne.

çante. Où trouveras-tu des flots plus doux et d'un bleu plus profond pour bercer tes monstres appesantis, et qui peut-être mourront demain? Où donc un ciel plus léger, plus transparent et plus pur, pour faire flotter tes pavillons? As-tu jamais déroulé sur un fond plus divin de collines mauves ou violettes la guirlande aérienne de tes pavois de fête? Reste, oublie les exercices de la guerre, oublie que tu as été créée pour les massacres, dans ce lieu de délice créé pour l'amour. » Mais, hélas! les heures sont comptées par le plus impitoyable des protocoles, et déjà les vaisseaux de France jettent au rivage qui les accueillit leur fort et retentissant adieu. La fête du départ commence, et Naples, pour en conserver dans les yeux et dans le cœur le durable souvenir, est venue s'asseoir au bord du cirque prodigieux et rayonnant de la mer.

Naples. - Le peuple à la revue navale.

Naples. - Le Président quitte l'Arsenal.

Nous avons pensé qu'il serait d'un intérêt plus rare pour le lecteur d'essayer de lui faire goûter l'ensemble idéal du spectacle qui se préparait. Pour cela, nous sommes allés voir de plus loin. Nous avons laissé tout le monde monter à bord de la *Cité-de-Milan* et, solitaires, nous avons gravi les pentes du Pausilippe. D'abord, nous suivîmes le chemin de Pouzzoles, où chantaient des jeunes femmes venues de Baies, aux

Naples. - L'escadre italienne.

traits larges et au front dur, avec des prunelles de velours, qu'accompagnaient des hommes des champs aux vêtements poussiéreux, avec des gestes hardis. Et puis on monte par des sentiers fréquentés de tous ceux qui ont compris que, pour connaître Naples, il faut en sortir. C'est là que nous nous arrêtâmes, près de ce souterrain antique qui traverse de part en part la montagne, entre ces jardins fertiles qui débordent de leur verdure grasse et de leurs fruits d'or au-dessus des murailles moussues, sur ce Pausilippe où la légende a mis le tombeau de Virgile et où la couleur des choses est si belle, la vie si tendre et le souvenir de la mort si ai-mable que tous

Naples. - A l'arsenal. - Le canot présidentiel.

les couples du monde y viennent ou rêvent d'y venir goûter, à l'heure du crépuscule, la mélan-colie du bonheur. Nous nous sommes retournés vers le golfe. Quelques salves se faisaient entendre.

Naples. - Le marchand de mandarines.

Naples. - Pendant la Revue. - La *Reine-Marguerite.*

Des flammes se montraient comme de rapides langues écarlates au centre de petits nuages épais dont se parait le flanc noir des navires.

Le Président de la République et le Roi étaient montés sur la *Reine-Marguerite.* La revue allait certainement commencer, car nous fûmes saisis tout de suite par le mouvement énorme des petites barques qui allaient se ranger sur la route marine indiquée dans les programmes comme devant être suivie par le cortège royal.

Naples. - Le marchand de coco.

Nous avions les deux flottes à nos pieds et, même à cette distance, nous recevions d'elles une impression de puissance orgueilleuse et brutale. Elles s'étalaient sur la mer asservie qui, du cap Misène au promontoire du Campanelli, acceptait son esclavage, avec,

Naples. - Pour voir la Revue.

sur la grève où pendent les chevelures vertes des arbres, un soupir de volupté : l'escadre italienne en deçà du château qui plonge dans la vague ses murs vermeils, l'escadre française au delà. Croiseurs et cuirassés étaient rangés sur trois lignes, tonnant, rugissant, crachant du feu, imités même par les petits torpilleurs en colère, avec leurs

Naples. - Le marchand de macaroni.

28

aboiements de roquets et leurs jappements. Bref, toute cette force retentissante nous parut déchaînée tout à coup par quelque rage tyrannique et injuste contre cette molle et délicate nature, qui n'avait eu pour ces grossiers maîtres de la mer que des baisers et des parfums. Et la fumée où grondait l'irritation incompréhensible de ces monstres choyés couvrit les eaux et les rives dés eaux.

Naples. - Coiffeur en plein air.

Mais, quand elle se fut dissipée, nous revîmes les collines violettes, le Vésuve débonnaire, l'adorable écroulement des maisons blanches au flanc des monts où la mer de Sorrente déroule ses flots bleus, au pied de l'oranger. la grève d'or où sommeille pour l'éternité le rêve de Lamartine et la pureté de Graziella, puis Castellamare et la plaine embaumée de Pompéi, et Naples somptueuse et triomphale, et le Pausilippe d'émeraude, et, à l'horizon, le pâle sourire

Naples. -A bord de la *Reine-Marguerite*.
Pendant la revue.

d'Ischia. Toute cette terre courtisane, qui pardonnait, qui suppliait, qui tendait toujours vers les vaisseaux le geste enchanteur de ses promontoires et voulait quand même retenir les monstres voyageurs dans la tiédeur du golfe de Capri, et Capri elle-même fermait sa porte d'azur sur la mer et sur le ciel, et disait : « Vous ne partirez

Campagne de Naples.

pas! » Hélas! une heure plus tard, ils n'étaient plus, les ingrats qu'un peu de fumée grise sur les flots lointains de la mer Tyrrhénienne, et ceux qui les avaient aimés et fêtés, attardés à les voir disparaître, semblaient ne pouvoir s'arracher de ces lieux où ils avaient crié un doux adieu aux Français. Cette revue fut prompte et hâtive.

Nous avons vu glisser entre les trois lignes de vaisseaux, dont il serait oiseux de vous dire les noms, la *Reine-Marguerite* et son escorte. Et les vivats des matelots, debout dans les hunes et dans les haubans, sont montés jusqu'ici dans la brise messagère; enfin la *Marseillaise* ne fut plus qu'un point à l'horizon, emportant M. Loubet sur cette mer qui a porté le vaisseau d'Énée et la fortune du monde...

Faubourg de Naples.

Nous terminons ici; nous n'avons tâché qu'à vous donner l'illusion une seconde de vous être trouvés sur le Pausilippe et de l'émotion qu'on peut y goûter à voir finir de très belles fêtes par un spectacle qui restera toujours dans la mémoire de ceux qui furent accueillis dans ce pays de grâce et de lumière, où la vertu est remplacée par la beauté.

La *Marseillaise*.

*Nous remercions particulièrement M. Piston
pour son aimable collaboration à l'illustra-
tion de cet ouvrage, ainsi que MM. Bougault,
de Toulon; Léon Bouet, Lombard, de Mar-
seille; le chevalier Crocceo, de Naples, etc.*

IMPRIMERIE CHAIX
Rue Bergère, 20, Paris